CONCERNANT LA

PROTECTION DES ENFANTS

PLACÉS EN NOURRICE

PAR

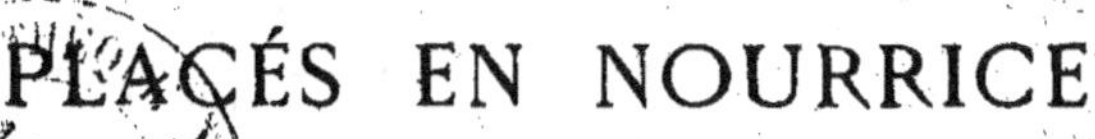

Le Docteur F. LEDÉ (de Paris)

Lauréat de l'Institut
Lauréat (médaille d'or) de l'Académie de médecine (1890-1892)
Secrétaire-rapporteur du Comité supérieur de protection des Enfants du premier âge

---

Extrait de « *l'Assistance* »

15-31 AOUT, 30 SEPTEMBRE ET 15 OCTOBRE 1895

PARIS

Publications des ANNALES DE LA POLICLINIQUE DE PARIS

4, RUE ANTOINE-DUBOIS, 4

1895

CONCERNANT LA

PROTECTION DES ENFANTS

PLACÉS EN NOURRICE

PAR

Le Docteur F. LEDÉ (de Paris)

Lauréat de l'Institut
Lauréat (médaille d'or) de l'Académie de médecine (1890-1892)
Secrétaire-rapporteur du Comité supérieur de protection des Enfants
du premier âge

I. — DIMINUTION DE LA MORTALITÉ DES ENFANTS DU PREMIER AGE PLACÉS EN NOURRICE DEPUIS L'APPLICATION DE LA LOI THÉOPHILE ROUSSEL.

II. — NÉCESSITÉ DE L'EXTENSION DE LA LOI AUX ENFANTS ILLÉGITIMES ET AUX ENFANTS DES NOURRICES SUR LIEU, PLACÉS EN NOURRICE MÊME CHEZ DES PARENTS OU PARENTES.

III. — DIMINUTION DES ÉCRITURES DES MÉDECINS INSPECTEURS ET DES SECRÉTAIRES DE MAIRIE AFIN DE RENDRE PLUS RAPIDE LA PREMIÈRE VISITE DU MÉDECIN INSPECTEUR.

IV. — MODIFICATIONS A APPORTER A LA LOI ET AU RÈGLEMENT D'ADMINISTRATION PUBLIQUE POUR ASSURER AUX ENFANTS EN NOURRICE LE MAXIMUM DE PROTECTION.

I

Il est du devoir de tout Français de conserver à la Patrie tous ses enfants, surtout les nouveau-nés et ce qu'il faut s'efforcer d'obtenir pour sauvegarder la vie et la santé des enfants placés en nourrice, c'est le maximum de protection effective, médicale ou autre, avec le minimum de dépenses et de formalités administratives.

De tout temps, en effet, les habitants des villes ont été dans l'obligation de se séparer de leurs enfants nouveau-nés et de les confier à des nourrices mercenaires qui ont charge d'élever ces enfants à la campagne, soit dans la banlieue des grandes cités, soit dans des villages éloignés. Cette expulsion hors des villes d'une portion notable des nouveau-nés est nécessitée par le travail de l'homme et de la femme, du père et de la mère, soit que ce travail soit effectué dans l'usine, la fabrique ou l'atelier, soit encore que les parents tiennent un débit au détail des produits alimentaires ou de ceux nécessaires à la vie journalière, ou bien qu'ils soient incapables de conserver leur enfant auprès d'eux, lorsque, par exemple, ils sont domestiques (cochers, valets, cuisinières, etc.).

Il y a aussi, par suite d'obligations factices de la vie, de sentiment mal conçu du bien-être, spécialement pour la catégorie des employés de commerce, écrivains, dont la femme souvent exerce la même profession, à moins qu'elle ne travaille chez elle, une tendance à envoyer les enfants en nourrice en province ; ces parents supposent qu'ils auront plus de gain à éloigner leur enfant et à payer des mois de nourrice qu'à conserver cet enfant auprès d'eux, et la mère semble n'avoir nul souci de ses devoirs maternels, « c'est en effet, dit des Essarts, le seul moyen qu'aient les gens du peuple, les domestiques et même beaucoup de marchands et de *bourgeois* pour conserver la vie et assurer l'état de leurs enfants ».

Telle n'est pas, d'autre part, la situation malheureuse de la fille-mère, qui doit cacher sa maternité et subvenir à ses besoins et à ceux de son enfant ; celle-ci, même lorsqu'elle n'a pas besoin des secours de l'Assistance publique, ne peut conserver auprès d'elle son enfant et doit aussi recourir au placement de celui-ci chez une nourrice.

Cette situation a depuis longtemps attiré l'attention des gouvernements et des pouvoirs publics, d'autant plus que si de nombreux enfants étaient envoyés en nourrice, le nombre de ceux de ces enfants qui revenaient chez les parents à la fin de l'élevage était fort restreint. Les premières ordonnances, lettres patentes, déclarations du roi ou arrêtés du Parlement (30 juin 1350 ; 4 février 1615 ; 6 décembre 1655 ; 17 août 1685 ; 29 juillet 1705 ; 29 janvier 1715) n'intéressaient que les bureaux des recommanderesses, les registres et le salaire des nourrices (1).

---

(1) L'édit du 29 janvier 1715 porte en préambule : « Le bien de l'Etat étant toujours intéressé à la conservation et à l'éducation des enfants, nous n'avons pas cru indigne de notre attention de pourvoir nous-même à une partie si importante de la police. » Cet édit défendait à la nourrice de rendre l'enfant même pour non-paiement, sans prévenir les parents par l'intermédiaire du Lieutenant Général de police, dont les décisions étaient sans appel pour les mois non payés et exécutées par toutes les voies, même par corps.

Dans aucune de ces ordonnances, lettres patentes ou déclarations du roi, il n'est question de la mortalité infantile, quoique l'attention ait été attirée à cette époque par un arrêt rendu à Toulouse le dernier février 1566, par lequel une nourrice « pour avoir par sa faute et négligence suffoqué un enfant qui lui avait été baillé à nourrir, fut condamnée à faire amende honorable au Parquet des Capitouls premiers juges et devant la maison du père de l'enfant et être battue de verges, bannie de la ville de Toulouse où le fait avait été commis, pour cinq années, défense à elle de prendre charge de nourrir enfant à la mammelle » (1).

L'ordonnance du 1er mars 1727 ordonne aux nourrices de renvoyer, en cas de décès, hardes, linges et certificat mortuaire. L'ordonnance du 17 décembre 1762 contient dans son préambule « qu'en année commune, 13,000 enfants de Paris sont répartis dans les provinces, villages, bourgs et hameaux à quarante ou cinquante lieues à la ronde de Paris ».

Lenoir, lieutenant-général de police, remit en 1780 à la reine de Hongrie, en voyage à Paris, un rapport *sur quelques établissements de la ville de Paris et notamment sur les nourrices.*

Suivant Lenoir, il y a par année à Paris « 20,000 à 21,000 naissances, dont 1/30 au plus succe le lait maternel, 1/30 est allaité dans la maison des père et mère, 2,000 à 3,000 enfants de la classe aisée sont dispersés dans les faubourgs, la banlieue et les environs de Paris et qu'ils paient d'autant plus cher que les nourrices sont plus à proximité et à leur convenance. Mais la classe la moins riche et conséquemment la plus nombreuse prend des nourrices à des distances plus considérables et en quelque sorte au hasard. »

Pour la première fois, dans les comptes rendus de la Société de Charité maternelle (fondée en 1788) publiés dans le *Journal de Paris*, on voit que sur 595 enfants dont 7 couches doubles, et 8 mort-nés, soit 587 enfants, il y a eu dans la première année (1789) 121 décès, soit une mortalité de 20,57 %, et ce sont des enfants élevés par la mère en son domicile, que peut-on penser de la mortalité des enfants envoyés en nourrice ? De 1801 à 1825, les comptes moraux de la Direction des nourrices contiennent, entre autres renseignements, le nombre d'enfants placés par les soins de cette direction et le nombre de décès dans la première année de vie de ces enfants. J'ai établi la mortalité de ces enfants en employant la méthode adoptée pour tous les calculs contenus dans ce travail ; les résultats sont donc comparables.

---

(1) Brillon.

ANNÉES.	ENFANTS PLACÉS.	ENFANTS décédés dans la première année de vie.	MORTALITÉ o/o.
1801............... (3 mois, 8 jours)	1.130	362	32.00
1802..............	4.583	1.478	32.32
1803...............	4.916	1.544	31.34
1804..............	4.854	1.408	29.00
1805..............	4.878	1.215	24.90
1806.............	4.549	1.327	29.06
1807..............	4.404	1.316	29.87
1808...............	4.176	1.280	30.59
1809.............	4.801	1.194	24.83
1810..............	4.943	1.480	29.89
1811............	5.090	1.407	27.58
1812.............	4.522	1.104	24.39
1813.............	4.387	1.107	25.12
1814............	......	......	......
1815..............	4.971	1.557	31.29

De 1801 à 1813, il y eut 57,233 enfants placés, dont 16,222 moururent, soit une mortalité moyenne de 28,23 % ; 939 enfants furent rendus en mauvais état, 456 enfants furent abandonnés par les parents et recueillis par les hospices, 38 enfants furent envoyés à l'hôpital comme *vénériens* ; 70 nourrices furent contaminées de syphilis pendant cette période de treize années suivant les mêmes documents.

Cependant la mortalité en 1815 était encore de 31,29 %. En 1821, des plaintes graves s'élevaient contre la direction municipale des nourrices « le lait était trop ancien, les nourrices âgées ou atteintes de maladies de peau, les meneurs ne visitaient pas les enfants et dans toute la Direction régnait le désordre, la mortalité était considérable, les nourrices non payées, et le transport des enfants effectué dans de mauvaises conditions » (1).

Le rapporteur, dénonçant ces faits au Conseil général des hospices, obtint de ce Conseil l'arrêté du 1er juillet 1821 ; cet arrêté avait pour conséquence de supprimer les meneurs et de

---

(1) Sur la route de Paris à Alençon et se rendant à Alençon, on rencontra, en 1821, un meneur, qui avait un convoi de vingt-deux nourrices, vingt-deux enfants dans une charrette à trois chevaux ; la charrette contenait en outre deux voies de charbon de terre, six cents kilogrammes de fer en barre, quatre balles de cuir gras et deux gros paniers de verrerie.

Cependant le 29 novembre 1821, la duchesse de Berry avait vu, lors d'une visite à l'Hospice des Enfants assistés, la première voiture améliorée, construite sur l'ordre du Conseil général des Hospices : il est probable que cette voiture fut unique et ne servit jamais au transport des enfants et des nourrices.

les remplacer par des préposés chargés de payer les salaires des nourrices quatre fois par année. Il eut une autre conséquence désastreuse, ce fut la reconnaissance légale des bureaux dits secrets.

Depuis 1809, en effet, les meneurs devaient être supprimés et ils avaient pris leurs précautions, car chaque fois qu'ils arrivaient dans leur auberge à Paris, ils avaient soin d'y amener des nourrices que des parents pouvaient ainsi se procurer par l'intermédiaire du tenancier de l'auberge. Ce furent les premiers bureaux dits secrets qui avaient des succursales dans Paris. Dès que les meneurs furent officiellement supprimés, ils vinrent derechef à Paris et amenèrent dans les bureaux non autorisés des nourrices, de sorte que l'Administration, en supprimant les meneurs, donna un nouvel essor aux bureaux particuliers et ne fit que nuire à la Direction municipale des nourrices.

Il ne m'a pas été possible d'avoir des renseignements suffisants sur les placements opérés par ces bureaux, et la mortalité des enfants placés par leur intermédiaire ; cette mortalité devait être considérable, puisqu'il n'y avait aucun examen de l'enfant et de la nourrice au départ, aucune avance de fonds pour garantir les mois consécutifs au mois de placement et aucune inspection de ces enfants au lieu de placement par des médecins ou des préposés comme il devait être fait par les soins de la Direction municipale. D'autre part, ces bureaux eurent d'autant plus de succès auprès de la population parisienne qu'ils étaient secrets et surtout qu'ils ne dépendaient pas de l'Assistance publique, répugnance bien légitime pour des parents solvables et payant régulièrement les mois de nourrices.

L'organisation de l'inspection médicale en 1821 et 1822 donne une diminution de la mortalité des enfants placés par la Direction municipale, et si en 1815 la mortalité était de 31,29 %, cette mortalité descend à 14,85 % en 1822, grâce à l'inspection créée et effectuée sérieusement.

Le tableau suivant démontre la véracité de cette assertion :

PROVINCES DE PLACEMENT.	ENFANTS restant de 1821 ou placés en 1822.	ENFANTS ramenés en 1822.	ENFANTS décédés.	RESTANT au 31 décembre 1822.
Ile de France..........	2.790	1.004	398	1.388
Picardie...............	453	179	83	191
Haute et Bse Normandie	1.821	832	173	816
Champagne et Orléanais	2.639	843	449	1.347
Bourgogne et Nivernais	1.082	542	114	426
Totaux..........	8.785	3.400	1.217	4.168

Il reste à savoir dans quelles conditions les 3,400 enfants ramenés de nourrice, pouvaient se trouver lorsqu'ils furent remis à leurs parents.

L'ordonnance de police du 20 juin 1842 devait réaliser en partie la décision prise en 1833 par le Conseil général des hospices, concernant les logeurs et meneurs de nourrices, l'obligation de la visite médicale de la nourrice et l'enregistrement des conditions passées entre les parents et la nourrice ; cette ordonnance qui reconnaissait implicitement en les surveillant les bureaux particuliers, fut appliquée de 1842 à 1869 aux douze loueurs de nourrices existant à Paris ; ces loueurs plaçaient environ chaque année 3,000 nourrices sur lieu (quatre bureaux spéciaux) et 9,000 nourrices à emporter. Il est à regretter que nulle trace de ces registres de placement par les bureaux particuliers n'existe actuellement, surtout en ce qui concerne le sort de l'enfant ; autrement on pourrait établir la mortalité de

ANNÉES.	NOURRICES DES Bureaux particuliers inscrits à la Préfecture de police.	Nourrices inscrites AU Bureau municipal.
1841	4.527	912
1842	6.762	2.066
1843	6.951	1.891
1844	7.209	1.901
1845	7.520	1.969
1846	7.875	2.092
1847	7.985	1.698
1848	5.001	1.382
1849	5.455	1.609
1850	6.396	1.715
1851	6.426	2.420
1852	7.157	3.251
1853	7.642	4.086
1854	8.114	4.149
1855	8.064	3.623
1856	9.148	3.151
1857	9.988	2.454
1858	10.381	2.119
1859	11.370	2.317
1860	11.315	2.434
1861	11.683	2.507
1862	11.202	2.437
1863	11.354	2.503
1864	11.491	2.348
1865	11.906	2.137
1866	11.646	2.090
1867	11.477	2.134
1868	11.055	2.341
1869	11.644	2.261

ces enfants exportés de Paris et comparer les résultats énon‑
cés précédemment.

La concurrence faite par les bureaux particuliers à la Direc‑
tion des nourrices fut telle que la garantie de la durée du sa‑
laire augmenta de la part de la Direction des nourrices, qui
accorda aux sages-femmes la même prime que celle remise par
les bureaux particuliers.

En 1841, la Préfecture de police inscrivait 4,527 nourrices des
bureaux particuliers, tandis que la Direction municipale n'avait
que 912 nourrices.

Le tableau ci-contre (1) renseignera mieux à ce point de vue :

En 1847, F. Marbeau adressait aux membres de la Chambre
des députés une pétition dans laquelle il rappelait le mémoire
qu'il avait lu à l'Académie des sciences morales et politiques,
sur la nécessité de surveiller les nourrices : « il s'agit d'enfants
de la classe moyenne, de la classe laborieuse, d'enfants que
leurs parents auraient pu bien élever, dont ils auraient formé
d'utiles citoyens. L'incurie sociale en fait des victimes. » Pour
le nourrisson qu'il appelle *orphelin temporaire*, il demande le
livret, afin que la même femme ne puisse se procurer plusieurs
enfants, l'inspection par des personnes choisies par le maire
ou le curé et le juge de paix pour sanctionner les délits. « Quand
on veut avoir de beaux arbres, on soigne le semis et le tail‑
lis, » dit-il à la fin de sa pétition.

Cette pétition fut l'objet d'un rapport de M. Boistel, lu dans
la séance de la Chambre des députés du 27 juillet 1847, et fut
renvoyée au ministre de l'Intérieur, avec invitation de prendre
les mesures nécessaires pour résoudre les graves questions
d'amélioration sociale qui lui étaient signalées. Il semble
qu'aucune suite ne fut donnée à ce rapport.

La statistique de la mortalité ne peut être établie que pour
la période de 1864 à 1869, soit six années ; les bureaux, pen‑
dant cette période, reçurent 69,219 nourrices auxquelles ils
devaient procurer des nourrissons. En supposant que chaque
nourrice soit repartie dans son pays avec un nourrisson et
qu'il faille croire aux chiffres des décès fournis par les meneurs
de nourrices et les maires des communes de placement, ces
enfants auraient donné en :

1864	1.122 décès.
1865	1.712 —
1866	826 —
1867	1.194 —
1868	1.570 —
1869	1.384 —
Soit	7.807 décès.

---

(1) Voir page 6.

La mortalité serait de 11,24 %. Cette moyenne est trop inférieure à la réalité pour pouvoir en reconnaître la véracité ; d'autant plus que, sauf le chiffre des nourrices, le nombre des décès n'a pu être contrôlé et que ces chiffres de décès ont été fournis par les meneurs de nourrices intéressés à défendre les bureaux particuliers, et les maires des communes de placement qui ont intérêt à procurer des nourrissons à leurs administrées.

Il devait en être bien autrement lorsque le docteur Monot, de Montsauche, présenta son travail à l'Académie de médecine, en 1865, faisant connaître la mortalité considérable des enfants dans le Morvan, soit que ces enfants fussent envoyés en nourrice dans cette contrée, soit qu'ils fussent les enfants des nourrices placées sur lieu. La mortalité des enfants du premier âge (un jour à un an), devait être établie par Bertillon père, pour la période 1856-1866.

Cette mortalité était, suivant lui, de :

36.90	% dans le département d'Eure-et-Loir.		
31.30	—	—	— Seine-Inférieure.
30.90	% dans le département de l'Yonne.		
30.80	—	—	— Eure.
29.40	—	—	— Seine-et-Marne.
28.40	—	—	— Oise.
28.30	—	—	— Ardèche.
27.70	—	—	— Marne.
27.10	—	—	— Loiret.
26.86	—	—	— Basses-Alpes.
26.80	—	—	— Seine-et-Oise.
26.50	—	—	— Aube.
26.10	—	—	— Hautes-Alpes.
25.90	—	—	— Loir-et-Cher.
25.80	—	—	— Gard.
25.50	—	—	— Aisne.

Réserve expresse était faite pour les départements de la Seine et du Rhône, car les envois en nourrice, effectués par ces départements, ne permettaient pas de calculer la mortalité des enfants d'un jour à un an existant dans ces deux départements.

Une commission ministérielle fut instituée en 1869, afin de provoquer une enquête sur la mortalité des nourrissons et les causes de cette mortalité, sur l'industrie nourricière et les pratiques relatives à l'allaitement et aux soins donnés aux enfants du premier âge. Cette commission élabora un projet de loi que, plus tard, M. le Docteur Théophile Roussel, alors député à l'Assemblée nationale, devait reprendre, modifier et faire adopter par l'Assemblée nationale le 23 décembre 1874.

M. Théophile Roussel, rapporteur de la commission, fit, à ce propos, un rapport magistral dans lequel il résuma tous les résultats qu'il obtint de ses recherches patientes et de son labeur.

Il eut pour auxiliaires, dans sa tâche, ceux qui avaient souci de l'avenir de la patrie et de son relèvement à la suite de nos désastres de 1870.

L'impulsion donnée par M. Th. Roussel à tout ce qui intéressait l'enfance, provoqua en France un grand mouvement en faveur de la protection de l'enfance.

Les Sociétés protectrices de l'enfance de Paris, Bordeaux, Rouen, Lyon, Tours, le Havre, Marseille, Pontoise organisèrent des Congrès en 1873 (Paris), 1874 (Marseille), et 1877 (Rouen).

Le premier Congrès d'hygiène et de sauvetage (Bruxelles, 1876) devait aussi mettre à son ordre du jour la protection de l'enfance.

En juin 1883, sous la présidence de M. G. Bonjean, se tint à Paris (Palais du Trocadéro) un Congrès international de Protection de l'enfance. La première section, présidée par M. E. Marbeau, s'occupa exclusivement de l'application de la loi du 23 décembre 1874.

La première section du Congrès d'hygiène et de démographie de 1889, à Paris, était réservée à la Protection de l'enfance.

C'est ainsi que surgirent les travaux et les documents véridiques et de véritable statistique.

Alors fut rappelé le rapport présenté en 1818, par le ministre de l'Intérieur Lainé, dans lequel il est établi que dans les années 1787, 1788 et 1789, la mortalité des *enfants trouvés*, nourrissons s'élevait à 91 %, tandis qu'elle était de 75 % en 1815, 1816 et 1817.

Benoist de Chateauneuf indiquait le chiffre de 60 % comme moyenne générale en 1824.

Elle s'élevait encore en 1860, d'après Husson, à :

66.16 % dans le département d'Indre-et-Loire.
66.46 —	—	—	Côte-d'Or.
69.23 —	—	—	Seine-et-Oise.
70.27 —	—	—	Aube.
78.09 —	—	—	Calvados.
78.12 —	—	—	Eure.
87.36 —	—	—	Seine-Inférieure.
90.50 —	—	—	Loire-Inférieure.

Au Congrès des Sociétés protectrices de l'enfance tenu à Marseille en février 1874, M. Maurin présentait un travail relatant la mortalité des enfants exportés de Marseille suivant les départements où ils étaient placés. Dans l'Hérault, la Haute-Savoie, les Alpes-Maritimes, le Var et les Bouches-du-Rhône, où l'industrie nourricière était peu développée, la mortalité varie de 20,40 % à 23,50 %. Dans l'Isère, la Savoie et la Drôme, où l'industrie nourricière se développe, les transports sont difficiles et les soins médicaux insuffisants, la mortalité varie de 24,50 % à

25,70 %. Dans le Vaucluse et le Gard, où l'industrie nourricière est développée, la mortalité est de 27,30 %. Dans les Basses-Alpes, les Hautes-Alpes et l'Ardèche, où l'industrie nourricière est développée, les soins médicaux sont très insuffisants, les transports difficiles et où les meneuses existent, la mortalité est pour chacun de ces départements de 39,70 %, 52,30 % et 64,20 %.

La mortalité des enfants assistés de Paris placés en nourrice dans les agences de province avec la surveillance administrative et l'inspection médicale était, d'après un rapport de M. le Préfet de la Seine, de :

Moyennes	Années
40.40 %	1868
45.54 —	1869
61.74 —	1870
51.74 —	1871
42.52 —	1872
43.50 —	1873

M. le docteur Bergeron, dans le rapport qu'il présenta au congrès d'Hygiène de Paris (1878), dit que « dans certaines régions de la France la mortalité, d'après les travaux de Brochard, Broca, Devilliers, Marmisse et Vacher, est de 90 % ; que des 20.000 nourrissons que la capitale envoie annuellement en province, 15,000 ou 75 % succombent avant la fin de la première année ; que sur les 54,000 enfants environ qui naissent chaque année à Paris, plus de la moitié a péri avant un an révolu et qu'enfin, pour toute la France la moyenne des décès de 0 à 1 an oscille entre 18,20 à 21,70 %. La moyenne la moins élevée représente encore une mortalité désastreuse, continue-t-il, et il ne s'agit pas seulement de rechercher quel rang la France occupe en Europe au point de vue de la mortalité des nouveau-nés, pas plus que de supputer le nombre des défenseurs que cette mortalité enlève en plus ou en moins à chacune des nations voisines ; il s'agit de ne pas laisser perdre annuellement au pays, 120,000 enfants du premier âge. »

Le docteur Marmisse, de Bordeaux, avait remarqué que la mortalité moyenne de 0 à 1 an étant en France de 20 % environ, celle des enfants aisés de la bourgeoisie ne serait que de 7,60 %, proportion supérieure à celle que Devilliers a constatée dans certaines parties du département du Rhône, particulièrement dans des groupes agricoles, où elle ne dépasse pas 5 %.

Bertillon père, à ce même Congrès, présenta un rapport important sur la *dime mortuaire*, c'est-à-dire sur la probabilité de mort des enfants dans la première année d'âge. Il établit cette dime mortuaire en supposant que 1,000 naissances vivantes ont fourni 180 décès dans la première année de vie, la probabilité de mort sera de 0,180, et pour éviter la forme fractionnaire, il dit que la dîme mortuaire est exprimée par le nombre 180, représentant le nombre de décès fournis par 1,000 naissances vivantes dans le cours de la première année de vie. Suivant lui pour la période 1856-1865, la mortalité en France, pour le premier mois de vie, est de 72,60 % (65,65 % pour les enfants légitimes, 156 % pour les enfants illégitimes), d'un à trois mois, la mortalité est de 37,20 % ; de trois à six mois, de 33,40 %, de six à douze mois, elle est de 48,80 % ; les chances de mort varient suivant les sexes, et s'il meurt 100 filles, il mourra 116 à 117 garçons pour le même nombre de naissances vivantes. Il en est de même de la mortalité en rapport avec l'état civil, l'enfant illégitime meurt plus facilement que l'enfant légitime et supposant la dîme mortuaire égale à 100, cette dîme sera pour la première année de vie 163, si l'enfant illégitime est élevé à la ville et de 267 si l'enfant illégitime est élevé à la campagne.

Les enfants, d'après le docteur Monot, de Montsauche, confiés à des meneuses et à des nourrices mercenaires dans le Morvan, donnent une dîme mortuaire de 71 %, tandis que, dans la même contrée, la dîme descend à 24 % pour les enfants assistés de la Seine, qui sont soumis à l'inspection médicale, quoiqu'il ne fût fait qu'une visite médicale par trimestre, et au contrôle des agents de l'administration.

L'émotion provoquée par cette hécatombe de 120,000 enfants du premier âge, subsista « tant que l'Académie de médecine parla et réclama des remèdes à ce terrible mal, dont souffrait la nation, dit le docteur Thulié, dans son rapport sur la revision de la loi du 23 décembre 1874, au Congrès d'assistance de Lyon 1894), on fit mille projets, puis la discussion terminée, chacun reprit ses affaires et ses habitudes, et le silence se fit sur les réformes réclamées à grands cris. L'année terrible nous fournit la cruelle épreuve que le nombre des hommes constitue non seulement la richesse d'un pays, mais encore sa sauvegarde, et que, faute d'une quantité suffisante de soldats, un peuple vaillant, intelligent et riche, est destiné à périr. Les statistiques firent le parallèle effrayant entre l'accroissement rapide des nations rivales de la France et sa dépopulation, terme qui parut excessif à cette époque et qui est devenu absolument exact aujourd'hui. Les conférences, les discours, répétaient les pronostics funestes, ce qui ne changeait rien à notre situation désastreuse. »

« M. Théophile Roussel, continue M. Thulié, transforma toute cette éloquence en action ; le 23 décembre 1874, sur son rapport, la loi sur la protection des enfants du premier âge qu'il avait proposée, fut votée par l'Assemblée nationale. »

Ce sont les résultats de l'application de cette loi que nous devons actuellement étudier pendant la période de 1879-1883.

La mortalité des enfants âgés d'un jour à deux ans, placés en nourrice, en sevrage ou en garde, a-t-elle diminué ?

Certes, les résultats sont nets et précis et, après quelques années, l'application de cette loi en démontrait les effets bienfaisants. La non-obligation des dépenses concernant l'application de la loi du 23 décembre 1874, fait que quelques Conseils généraux, heureusement fort peu nombreux, n'ont pas jusqu'à ce jour voté de crédit ou bien le crédit voté est si exigu qu'il ne peut avoir aucun effet utile. Dès le début, la loi a été bien accueillie, et de 1882 à 1883, le nombre des inscriptions a augmenté de 74 % dans l'Ain ; 1,030 enfants sont déclarés dans l'Allier, en 1883, alors qu'il n'y avait eu que 600 déclarations en 1878. Dans les Hautes-Alpes, 1,181 enfants sur 1,488 inscrits sont inspectés en 1883, tandis que, en 1879, 314 enfants seulement, sur 688 inscrits, auraient bénéficié de l'inspection médicale.

La progression suivante est observée dans l'Aube :

1879......................	694	inscriptions.
1880......................	934	—
1881......................	1.186	—
1882......................	1.352	—
1883......................	1.421	—

Dans les Bouches-du-Rhône, les bureaux de placement inscrivent 2,526 nourrices, alors qu'il n'y avait eu que 1,853 inscriptions en 1882.

En 1883, l'effectif total des enfants dans le département de Loir-et-Cher est de 2,897, avec une augmentation de 276 enfants sur l'année 1882 ; de ces enfants, 43,35 % sont des enfants illégitimes ; les enfants originaires d'un autre département forment plus des quatre cinquièmes (81,35 %) de l'effectif des enfants protégés ; 35,83 % des enfants sont élevés au sein et 34,87 % sont élevés au biberon.

Dans la Loire-Inférieure, l'augmentation des déclarations de placement est de 48,42 % de 1882 à 1883 ; cet effectif dans la même année augmente de 60,92 % dans le département de Lot-et-Garonne.

L'effectif, qui était de 610 enfants dans la Marne, est de 2,118 en 1883, soit une augmentation de 247 % en cinq années.

De 1882 à 1883, le nombre des déclarations a augmenté de 18,27 % dans la Nièvre, où il y a eu, en 1883, 3,748 enfants et 52,29 % des enfants sont élevés au biberon.

Dans l'Oise, l'augmentation d'une année à l'autre a été de 43,79 % et sur les 701 communes, 268, soit 38,23 %, ont déclaré n'avoir aucun enfant en nourrice.

Le nombre des déclarations de placement en nourrice dans les départements a augmenté, à Paris et dans les communes suburbaines, de 17,145 déclarations en 1880 à 20,071 déclarations en 1883.

Si, dès le début de la mise en exécution de la loi, les déclarations de placement furent si nombreuses, cela tient à ce que la population se rendait compte du rôle bienfaisant de la loi Th. Roussel et de son utilité.

L'inspection médicale fut établie dès le début et la mortalité diminua rapidement.

Dans la Gironde, la mortalité en 1883 est de 9,26 % (élevage au sein 6,81 %, élevage au biberon 20,51 %, élevage en garde et sevrage 10,97 %).

Elle varie de 5,57 % à 7,65 % dans le département de l'Hérault ; de 7,13 % (enfants légitimes) à 11,79 % (enfants illégitimes) en Indre-et-Loire ; elle est de 14,37 % dans le département de Meurthe-et-Moselle et de 9,17 % dans le Pas-de-Calais.

Dans le département de la Seine la mortalité est de :

Moyennes	Années
9.99 %	1880
9.25 —	1881
9.72 —	1882
9.30 —	1883

En Seine-et-Marne elle est de 13,10 % en 1883, tandis qu'elle n'était que de 11,71 en 1882, et en Seine-et-Oise elle est en 1882 de 10,10 % et de 10,77 % en 1883 à cause de la grande importation d'enfants du département de la Seine.

Dans son remarquable rapport de 1888, Paul Bucquet établit que la mortalité infantile, pendant la première année de vie, était en France de :

18.44 % pour la période de...........	1868-72
16.62 —	1873-77
16.76 —	1878-82
16.50 —	1883

Cette mortalité des enfants dans leur première année de vie n'est plus que de 15,59 % lorsqu'ils sont placés en nourrice dans les huit départements choisis dans des zones différentes comme essai de statistique infantile.

« La mortalité infantile, écrit-il, suit donc une marche décroissante. Cet abaissement de la mortalité ne peut être dû qu'aux bienfaisants effets de l'œuvre de la protection et l'on est en droit d'attendre une diminution encore plus sensible du chiffre des décès, de l'application générale et consciencieuse de la loi Roussel. »

Il appartenait à M. Monod, alors préfet du Calvados, de démontrer que l'application stricte, sérieuse et consciencieuse de la loi du 23 décembre 1874, devait diminuer la mortalité des enfants du premier âge. Dans le Calvados, la mortalité de 1857 à 1866, pour les enfants âgés d'un jour à un an, était de 18,40 %, en 1880, la mortalité des enfants placés en nourrice devient

7,20 % (11,55 % pour les enfants d'un jour à un an, 2,34 % pour les enfants d'un an à deux ans) ; en 1881, mortalité de 5,84 % (10,22 % pour les enfants d'un jour à un an, 0,80 % pour les enfants d'un an à deux ans) ; en 1882, mortalité de 5,49 % (10,72 % pour les enfants d'un jour à un an, 0,57 % pour les enfants d'un an à deux ans) ; en 1883, mortalité de 6,10 % (11,56 % pour les enfants d'un jour à un an, 0,90 % pour les enfants d'un an à deux ans) ; de 1884 à 1893, la mortalité a été, respectivement pour chaque année, de :

Moyennes	Années
7.55 %	1884
6.99 —	1885
7.66 —	1886
6.00 —	1887
5.93 —	1888
6.47 —	1889
6.26 —	1890
6.51 —	1891
6.84 —	1892
7.23 —	1893

De 14,89 % en 1879 dans la Lozère, la mortalité a diminué à 8,30 % (1889), 6,98 % (1891), 8,11 % (1892), 8,35 % (1893).

Dans la Gironde, la mortalité diminue de 9,26 % en 1883, à 6,80 % (1884), 6,03 % (1885), 6,56 % (1886), 5,91 % (1887), 6,16 % (1888), 3,99 % (1889), 5,17 % (1890), 4,24 % (1891), 6,06 % (1892), 6,96 % (1893).

Dans le département de la Seine, la mortalité varie pendant la période 1880-1883 de 9,99 % à 9,30 %, elle est de :

Moyennes	Années
8.80 %	1884
8.36 —	1885
7.95 —	1886
7.37 —	1887
7.47 —	1888
8.18 —	1889
7.91 —	1890
7.25 —	1891
7.80 —	1892
7.89 —	1893
6.18 —	1894

Elle varie aussi suivant les années et suivant les circonscriptions, le maximum a été atteint en 1883, avec une mortalité de 15,85 % et le minimum a été de 4,11 % en 1892.

Pendant cette période 1880-1892, la septième circonscription qui m'est confiée a atteint le minimum à quatre reprises différentes (5,47 % en 1880, 6,51 % en 1881, 4,50 % en 1886, 4,11 % en 1892).

La mortalité varie, d'autre part, suivant le sexe, l'état civil, le mode d'élevage, l'âge au placement, la durée du séjour, les mois de l'année, les épidémies et surtout suivant que les enfants sont nés dans la commune du placement, dans le département dont fait partie la commune de placement ou bien dans un autre département.

Les Bouches-du-Rhône, le Rhône et la Seine exportent une grande portion de leurs naissances vivantes et dans 57 départements ayant 136,374 enfants placés en nourrice, 56,075 enfants avaient été importés ; la mortalité dans ces départements d'importation diminue peu, à cause des conditions mauvaises du transport, de la durée du trajet, de l'élevage artificiel prématurément employé et surtout de l'état de l'enfant au moment du départ ; les parents, en effet, dans certains cas, ne se résignent que tardivement à envoyer leur enfant en nourrice, la mère essaie d'élever son enfant au sein, la pénurie du lait l'oblige à pratiquer l'élevage artificiel et quand les parents croient devoir confier leur enfant à une nourrice au sein, l'enfant est affaibli, athreptique et meurt dans les premiers jours de son arrivée au domicile de la nourrice.

C'est ainsi que dans l'Aisne, les enfants importés subissent une mortalité de 15,24 % ; cette mortalité, pour la même catégorie d'enfants, est de 12,75 %, en Loir-et-Cher, 13,10 % dans le Loiret, de 14,05 % dans la Marne, 13,67 % dans le Pas-de-Calais.

Il est facile de se rendre compte de ces taux de mortalité dans le tableau ci-annexé :

Mortalité (pour cent) des enfants d'un jour à deux ans pendant la période 1884-1894 (1).

DÉPARTEMENTS	1884	1885	1886	1887	1888	1889	1890	1891	1892	1893	1894
Aisne	16.46	11.29	15.88	9.69	10.33	9.48	10.71	8.72	12.35	10.77	»
Allier	9.41	10.86	9.12	7.27	8.74	»	6.43	6.56	6.01	»	»
Ardennes	10.05	7 67	6.14	6.27	8.38	8.31	9.84	5.34	9.52	5.74	5.17
Aube	»	9.62	15.39	10.10	10.43	9.45	10.25	9.48	14.59	12.45	10 03
Cher	»	11.74	12.65	12.45	10.33	9.10	9.51	8.40	8.86	7.86	9.94
Eure	»	»	8.66	6.12	7.13	6.06	6.70	5.93	8.22	7.13	5.58
Loir-et-Cher	15.16	13.42	12.82	10.66	9.25	10.90	11.05	9.83	11.74	11.29	8.32
Loiret	15.63	12.87	14.41	11.66	10.8	10.48	11.59	10.69	11.58	9.75	»
Marne	»	15.37	20.80	10.25	13.80	10.63	12.80	9.08	12.73	11.49	9.20
Mayenne	13.64	8.27	10.00	8.43	8.08	11.73	8.14	7.26	8.76	9.27	»
Nièvre	7.24	7.16	7.62	6.44	6.26	5.32	7.77	5.65	8.38	8.86	»
Nord	»	10.20	10.14	12.14	10.97	10.31	10.67	10.30	11.49	12.42	10.30
Orne	»	»	11.40	9.07	9.09	7.47	7.33	7.65	9.19	8.36	6.38
Rhône	7.98	6.68	8.34	9.10	7.25	7.25	7.59	6.11	8.10	6.66	»
Sarthe	»	»	»	9.76	8.89	9.06	8.41	7.79	10.68	10.46	»
Savoie	»	»	»	9.05	6 69	9.63	11.11	8.87	11.39	10.44	»
Haute-Savoie	»	»	11.36	10.65	8.90	11.29	»	9.53	12.91	11.04	»
Seine-Inférieure	13.27	10.96	13.58	10.36	9.51	8.70	9.46	8.63	9.39	10.07	»
Seine-et-Marne	»	11.09	»	»	»	10.00	10.00	10.00	11.99	10.20	8.88
Seine-et-Oise	»	10.70	10.50	12.30	9.80	10.20	10.10	10.30	9.00	»	»
Var	»	15.43	15.19	17.20	14.33	14.74	14.71	14.59	13.46	13.13	»
Vaucluse	18.65	17.91	17.38	20.05	15.04	14.82	17.25	15.64	17.73	13.26	»
Yonne	»	9.90	12 71	8.56	8.99	6.90	11.15	7.69	11.60	8.56	7.38

(1) Les chiffres en caractère plus saillant indiquent le minimum et le maximum de mortalité pour chacun de ces départements.

De 17,19 % en 1884, la mortalité est de 11,94 % en 1893 dans le département d'Eure-et-Loir, lieu d'exportation des enfants de Paris, ainsi que les départements de l'Aisne, de l'Aube, du Cher, de Loir-et-Cher, Loiret, Mayenne, Oise (10,52 % en 1889, 9,63 % en 1893), Sarthe, Seine-Inférieure, Seine-et-Marne (11,09 % en 1885, 8,88 % en 1894), Seine-et-Oise (12,30 % en 1887, 9,00 % en 1892).

Le nombre des visites faites par les médecins-inspecteurs, démontre que les décès se produisent dans les premiers jours du placement.

Sur 3,432 enfants décédés dans le département de la Seine pendant la période 1884-1892, 324 enfants n'avaient reçu aucune visite médicale.

815 enfants avaient reçu une visite
507 — — — deux visites
376 — — — trois visites
1.410 — — — plus de trois visites.

Les enfants n'ayant pas été visités une seule fois sont peu nombreux, 9,43 %, cela tient à ce qu'une mesure préfectorale spéciale au département de la Seine, fait qu'un avis sommaire de placement est adressé d'urgence au médecin-inspecteur, sitôt l'arrivée du nourrisson. Le résultat de cette mesure a été que 23,72 % des enfants décédés ont été visités au moins une fois dans les premiers jours du placement (un à trois jours), 14,75 % ont été visités deux fois et 10,94 % ont été visités trois fois, et 41,17 % des enfants décédés ont eu plus de trois visites médicales.

La proportion des enfants exportés varie de 26,47 % des naissances à 30,47 % dans le département du Rhône et atteint 37 % des naissances vivantes de Paris. Sur 121,236 enfants soumis à la loi en 1892 dans quarante-cinq départements, il y avait 40,723 enfants nés dans le département de la Seine.

Sur 138,152 enfants placés dans cinquante-huit départements, 80,020 étaient autochtones, c'est-à-dire nés dans le département de placement et 58,132 enfants étaient importés.

L'institution de la visite d'urgence pratiquée dans le département de la Seine a certainement été une des causes de la diminution de la mortalité, mais cette visite ne serait pas facilement opérée dans les hameaux et les villages des autres départements.

La mortalité par suite de l'élevage artificiel a diminué dans de notables proportions dans les départements où les médecins-inspecteurs obligent les nourrices à employer le biberon sans tube conformément à la circulaire ministérielle du 20 janvier 1892.

Toutes ces statistiques démontrant la moindre mortalité et l'étude que j'ai faite tout particulièrement des journées de pré-

sence passées par des enfants exportés de Paris (4,989,369 journées de présence pour 13,830 enfants) m'ont permis déjà de
formuler des conclusions au point de vue du danger de mort (1)
par jour d'un enfant placé en nourrice dans un département
autre que celui de sa naissance.

Le nombre des journées de présence pour la première année
de vie a été de 3,227,495 journées.

Le danger de mourir par jour pour un enfant légitime placé
en nourrice au sein augmente lorsqu'on confie l'enfant à une
nourrice à un moment plus éloigné de la naissance (de 8 à 30
jours). Il est donc indiqué de placer l'enfant qui doit être élevé
exclusivement au sein, dans la première semaine après la naissance.

Le danger de mourir par jour pour les enfants légitimes placés au biberon est d'autant plus grand que l'on confie l'enfant
à une nourrice à un moment plus rapproché de la naissance.

Il est nécessaire, si l'on veut sauvegarder la vie des enfants,
de ne les confier aux éleveuses au biberon que du trente et
unième au quatre-vingt-dixième jour après la naissance.

Les mêmes déductions sont vraies pour les enfants illégitimes, avec cette aggravation que le danger est beaucoup plus
grand ; il est double et presque triple lorsque le placement est
effectué du premier au quinzième jour de vie si l'enfant est
élevé au sein. Si, au contraire, l'enfant est élevé au biberon
dans la première semaine de vie, le danger de mourir est pres-

---

(1) La mortalité, la moyenne du séjour et le danger de mort par
jour sont ainsi établis :

La mortalité, m, est obtenue par la formule suivante :

$$m = \frac{a}{A + \frac{a}{2}}$$

A représentant le nombre d'enfants vivants.
a   —   le nombre d'enfants décédés.

La durée moyenne du séjour D est établie par la formule suivante :

$$D = \frac{A + a}{J + j}$$

A représentant le nombre d'enfants vivants.
a   —   le nombre d'enfants décédés.
J   —   le nombre de journées passées chez les nourrices
            par les enfants retirés vivants.
j   —   le nombre de journées passées chez les nourrices
            par les enfants décédés.

Le danger de mort δ par journée de présence s'obtient à l'aide de
la formule suivante :

$$\delta = \frac{m}{D}$$

m, étant la mortalité d'après la formule précédente et D représentant la durée moyenne des journées de séjour chez les nourrices.

que égal à celui auquel est exposé un enfant malade placé à l'hôpital.

La mortalité dans le premier mois de vie, en 1894, atteint 37 % dans le Calvados et n'est que de 18 % et 17 % dans les deuxième, troisième et quatrième premiers mois de vie et cependant la mortalité dans les deux premières années n'est que de 6 %.

Sur 6,301 décès survenus d'un jour à deux ans dans 23 départements, 1,305 décès ont eu lieu dans le premier mois de vie, soit 20,62 % du total des décès.

Il en est de même pour les décès survenus dans le premier mois de placement ; sur 3,291 décès survenus dans 12 départements, chez les enfants âgés d'un jour à deux ans, 1,042 décès ont eu lieu dans le premier mois du placement, soit une proportion de 31,57 % sur le chiffre total des décès.

La protection doit donc être étendue afin de protéger davantage les très jeunes existences, surtout dans le premier mois de placement, et de prendre les mesures les plus utiles pour sauvegarder l'existence des enfants pendant le transport; et s'il est fréquent que des enfants débiles en mauvais état de santé, soient remis à des nourrices, il est absolument nécessaire d'empêcher ou du moins de retarder le départ de ces enfants en nourrice ; le voyage ne peut que leur être préjudiciable et si l'enfant meurt peu de jours après l'arrivée au domicile de la nourrice, celle-ci est obligée de faire de nouvelles dépenses, de nouveaux voyages et d'abandonner encore une fois son foyer et ses autres enfants pour se procurer un nouveau nourrisson.

II

Doit-on étendre le bénéfice de la loi aux enfants âgés de plus de deux ans ?

Cette question a été déjà posée et résolue dans les deux sens d'adoption et de rejet.

Certes, il serait utile de surveiller l'enfant placé hors du domicile de ses père et mère jusqu'à son entrée à l'école maternelle, c'est-à-dire jusqu'à l'âge de trois ans ; l'enfant, jusqu'à trois ans, est en effet surveillé lorsqu'il fréquente une crèche ; mais si on remarque que la mortalité pendant la deuxième année de vie varie de 1,26 % à 2,30 %, je ne pense pas qu'il y ait lieu de surveiller administrativement ces enfants d'une façon générale, quoiqu'il soit nécessaire de surveiller médicalement et administrativement les garderies, maisons de sevrage et de garde des enfants âgés de deux à trois ans.

Il serait possible, quand ces enfants sont confiés à des gardeuses recevant chez elles plusieurs enfants, d'inviter les préfets des départements à prendre un arrêté semblable à celui rendu dans le département de la Seine, par le préfet de police, à la date du 1er février 1878.

Le bénéfice de l'application de la loi du 23 décembre 1874 devrait être, aussi, étendu à l'enfant confié à des grands parents, même lorsqu'il n'y a pas de salaire déclaré ou avoué ; les grands parents sont trop souvent imbus de préjugés et n'ont pas toujours les notions suffisantes pour mener à bien l'élevage d'un nouveau-né ; ils prétexteront, il est vrai, qu'ils ont bien été capables d'élever leur propre enfant, nul n'en disconviendra ; mais l'âge n'est plus le même et trop souvent la diminution des forces et l'incapacité des mouvements rendent plus difficiles à accomplir les soins qui doivent être donnés au nouveau-né.

D'autre part, si les grands parents prétextent ne pas recevoir de salaire, c'est là une condition qui n'aurait pas une bien grande valeur, puisque, entre parents, la redevance peut être effectuée de toute autre façon et qu'enfin j'ai toujours estimé qu'il y avait lieu de supprimer dans l'article 1er de la loi, les mots « moyennant salaire ».

Il en est de même lorsque l'enfant est confié à une tante, cousine, ou parente éloignée.

Dans ces derniers exemples, la loi doit être appliquée comme si l'enfant était confié à une nourrice complètement étrangère à la famille.

Un cas spécial concerne les enfants des filles-mères. Le Code civil a établi que la mère de la fille-mère n'est pas la grand'-mère de l'enfant de cette fille-mère, de même, à différents titres, pour tous les parents de la fille-mère. Ils sont cependant nombreux les cas où ces soi-disant aïeules ont refusé de se munir des certificats nécessaires et du carnet, et c'est chez elles malheureusement que meurent trop fréquemment les enfants illégitimes (1).

M. Monot, de Montsauche, il y a déjà longtemps, a signalé la mortalité des enfants des nourrices sur lieu venant de la Nièvre et du canton de Montsauche spécialement. Ces placements augmentent de plus en plus et l'habitude d'abandonner son enfant et son foyer devient preque la règle pour les nouvelles accouchées de certains départements (Nièvre, Saône-et-Loire, etc.).

La loi avait prévu le cas de la nourrice sur lieu et, ne voulant pas protéger l'enfant que la nourrice élèverait au détri-

---

(1) Je pourrais citer le cas suivant tout récent : une femme veuve, mère de deux garçons, épouse un homme veuf ayant une fille ; cette fille eut un enfant et se plaça nourrice sur lieu, la femme de son père éleva l'enfant de la fille-mère et s'opposa à être inspectée, prétextant qu'elle était la grand'mère de cet enfant.

Force est restée à la loi et il n'y avait pas lieu de s'étonner de l'opposition de cette femme à l'application de la loi, car on ne pouvait supposer plus mauvaise nourrice et plus détestable éleveuse.

ment de l'enfant de cette nourrice, le législateur avait inséré dans le texte de la loi, des conditions spéciales avant de permettre à la mère de se placer nourrice sur lieu.

L'article 8 de la loi du 23 décembre 1874 est ainsi conçu :

« Toute personne qui veut se procurer un nourrisson ou un ou plusieurs enfants en sevrage ou en garde est tenue de se munir préalablement des certificats exigés par les règlements pour indiquer son état civil et justifier de son aptitude à nourrir ou à recevoir des enfants en sevrage ou en garde.

» Toute personne qui veut se placer comme nourrice sur lieu est tenue de se munir d'un certificat du maire de sa résidence, indiquant si son dernier enfant est vivant et constatant qu'il est âgé de sept mois révolus, ou, s'il n'a pas atteint cet âge, qu'il est allaité par une autre femme remplissant les conditions qui seront déterminées par le règlement d'administration publique prescrit par l'article 12 de la présente loi.

» Toute déclaration ou énonciation reconnue fausse dans les dits certificats entraîne l'application aux certificateurs des peines portées au paragraphe 1er de l'article 155 du Code pénal. »

L'âge de sept mois est renouvelé de l'article 2 de l'ordonnance du 1er septembre 1762, qui ne s'appliquait qu'aux nourrices dites à emporter.

Si la loi n'a pas limité l'âge de l'enfant de la femme qui veut prendre un enfant à élever chez elle au sein, elle a du moins cru devoir limiter l'âge de l'enfant de la nourrice qui veut se placer sur lieu et qui doit confier son enfant à une autre éleveuse.

M. le professeur Pinard, dans une communication faite le 8 février 1894 à la Société de médecine publique et d'hygiène professionnelle, disait : « Allez dans les bureaux de nourrices et vous ne rencontrerez que des nourrices accouchées depuis un mois, deux mois, trois mois, celles qui sont accouchées depuis quatre mois sont rares et il est tout à fait exceptionnel d'en rencontrer dont les enfants soient âgés de cinq mois. »

M. Pinard a rappelé avec son autorité le mal que déjà j'avais signalé dans un travail datant de 1888 (*Revue d'Hygiène*, tome X, n° 5) ; à cette époque j'avais, avec les fiches individuelles, relevé sur les registres administratifs les noms, âge, âge du lait, situation civile de toutes les nourrices au sein venues à Paris de mai 1879 à fin décembre 1886, soit un nombre de 81.756 nourrices dont 24,100 célibataires, 56,393 femmes mariées et 1,263 veuves. Ces nourrices étant classées par séries d'âges (16 ans à 40 ans pour les célibataires, 16 ans à 50 ans pour les femmes mariées, 50 ans comme limite d'âge des femmes veuves), j'ai trouvé que sur 10,000 nourrices il y avait 2,956 célibataires, 6,880 femmes mariées et 164 femmes veuves.

L'âge du lait est indiqué dans le tableau ci-contre :

Tableau Statistique des nourrices de Mai 1879 au 31 Décembre 1886.

	1 mois.	2 mois.	3 mois.	4 mois.	5 mois.	6 mois.	7 mois.	8 mois.	9 mois.	10 mois.	11 mois.	12 mois.	13 mois.	14 mois.	15 mois.	16 mois.	17 mois.	18 mois.	19 mois.	20 mois
												AGE DU LAIT								
Mariées......	5.307	9.108	8.30~	6.477	5.251	4.083	2.876	2.751	2.147	2.402	1.657	1.755	1.252	968	784	479	267	100	32	25
Célibataires..	7.501	5.853	3.153	1.794	1.275	888	628	566	426	454	295	257	199	122	74	43	23	13	5	1
Veuves......	201	220	153	121	101	58	62	49	56	50	28	32	27	20	14	15	7	3	»	1
Total....	13.309	15.181	11.234	8.592	6.627	5.055	3.566	3.366	2.629	2.916	1.930	2.044	1.478	1.052	872	537	297	116	37	27

Total général..............
Mariées....................... 56.393
Célibataires.................. 24.100
Veuves....................... 1.263

81.756

Ce qui permet d'obtenir le graphique suivant :

Age du lait des nourrices venues à Paris de mai 1879 à fin décembre 1886.

TABLEAU STATISTIQUE RAPPORTÉ A 10,000 NOURRICES

Mariées......................	6.880	– – – –
Célibataires...............	2.956	————
Veuves......................	164	....
Total général........	10.000	————

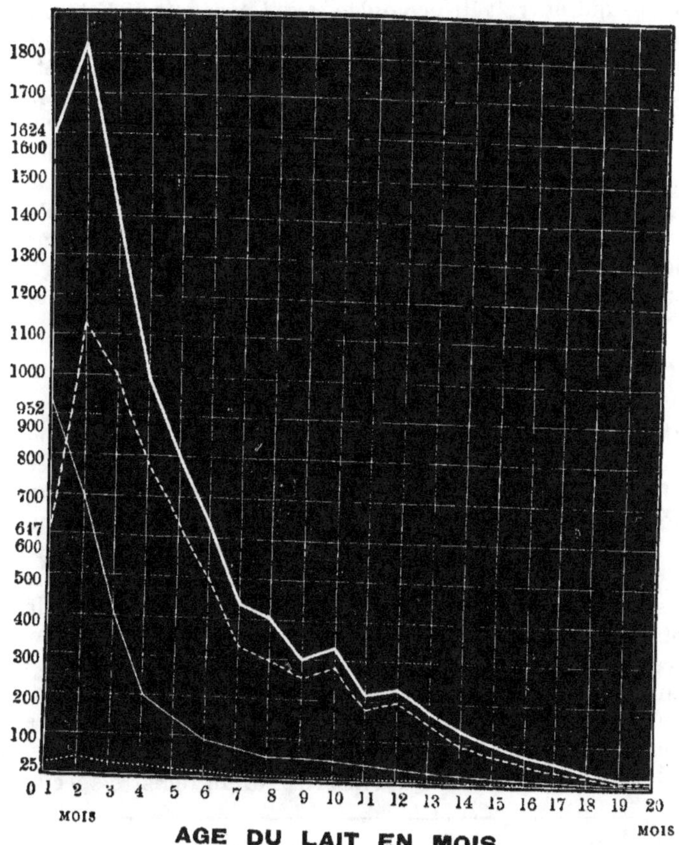

(Les laits âgés de moins d'un mois et de plus de vingt mois ne sont pas notés dans ce tableau)

Si nous ne considérons que les filles-mères qui se placent toujours nourrices sur lieu, nous obtenons sur 24,100 nourices filles-mères les résultats suivants :

7.801 avaient un lait âgé d'un mois.
5.853 — — — de deux mois.
3.133 — — — de trois mois.
1.794 — — — de quatre mois.
1.275 — — — de cinq mois.
 888 — — — de six mois.
 628 — — — de sept mois.
2.728 — — — de plus de sept mois.

Les statistiques officielles des dernières années ne donnent pas les résultats concernant l'âge du lait des nourrices, il y a là une lacune qui devrait être comblée et qui permettrait d'établir si le mal à détruire est toujours le même ; il est à craindre que la constatation qui pourra être faite après cette nouvelle enquête corroborera entièrement les résultats que j'ai obtenus pour la période 1879-1886.

Ces résultats statistiques obtenus après une étude sur un nombre de près de 100,000 nourrices au sein, démontrent la nécessité d'accorder le bénéfice de la loi et l'inspection médicale à tout enfant dont la mère est placée nourrice sur lieu, même dans le cas où cet enfant est confié à une parente, et même s'il est déclaré qu'il n'y a pas de salaire (1).

III

L'extension de la loi dans ces conditions à ce groupe spécial d'enfants et la rapidité de l'inspection médicale sitôt l'arrivée des enfants au lieu où ils doivent être élevés nécessitent deux modifications essentielles, l'une, ayant pour but la diminution des écritures des médecins-inspecteurs et des secrétaires de mairie, l'autre, l'augmentation des indemnités des médecins pour les visites d'inspection, et l'assurance pour le médecin de recevoir ses honoraires lorsqu'il est appelé soit d'urgence par le maire de la commune, soit directement par la nourrice comme médecin traitant et à ce sujet il est utile de rappeler l'obligation pour les maires de faire constater par un médecin le décès des nourrissons avant de permettre l'inhumation.

Le médecin, en effet, est tenu d'inscrire sur un registre spécial

---

(1) J'ai établi dans un travail publié dans la *Revue d'Hygiène* (1892) les résultats d'une enquête faite au moyen de fiches individuelles sur les nourrices sur lieu venues en une année dans les bureaux de placements de Paris.

Sur 2,840 enfants de nourrices sur lieu venues de province à Paris, enfants qui ont été ensuite confiés à des nourrices en province il y a eu 518 décès, soit une mortalité de 18,23 %.

Sur 397 enfants de nourrices sur lieu domiciliées à Paris ou en résidence, 74 enfants sont morts, soit une mortalité de 18,63 %.

les nourrissons et les nourrices et de transcrire les dates de visites, etc. Ce registre est tenu peu en ordre par les médecins-inspecteurs qui, comme tous les médecins, ne sont pas de grands calligraphes et qui surtout sont appelés auprès de leurs malades aux heures qu'ils croyaient souvent devoir consacrer à la tenue de leurs registres ; les avis de placement, de retrait ou de décès doivent suffire pour remplacer le registre et le médecin-inspecteur continuerait, comme actuellement, à adresser après chaque visite le bulletin de visite avec les annotations spéciales au préfet du département ; car l'envoi au maire de la commune du domicile de la nourrice me paraît inutile, les secrétaires et les employés de mairie ne tiennent aucun compte de ces bulletins et se contentent, lorsqu'ils ne les détruisent pas, de les placer dans des dossiers où ils s'accumulent et reposent en paix sans aucune utilité pour le nourrisson.

L'envoi du bulletin de visite au préfet du département est d'autant plus utile qu'il permet à l'inspecteur départemental de régler les indemnités d'inspection des médecins-inspecteurs et de prendre au besoin telle mesure convenable en faveur des nourrissons, mesure qui sera d'autant mieux acceptée : 1º par la nourrice, que cette mesure sera prise par le préfet, et 2º par le maire, qui n'aura aucune responsabilité engagée vis-à-vis de son administrée.

Une mesure provoquera certainement une diminution des écritures des secrétaires de mairie, lorsque le secrétaire de mairie n'aura plus qu'à délivrer le certificat municipal, remettre le carnet après que la nourrice aura obtenu le certificat médical, informer le médecin-inspecteur lors du retrait, du décès, de la limite d'âge du nourrisson ou du changement de domicile de la nourrice. Cette mesure est nécessitée par la disparition des commissions locales ou le fonctionnement trop défectueux de la plupart de celles qui existent ; il est à regretter que l'institution des commissions locales n'ait pas rendu, conformément aux vœux du législateur, plus de services effectifs. Ce qui fait que, dans beaucoup de départements, le service a dû être confié entièrement à l'inspecteur départemental sous la direction du préfet et en réalité, comme surveillance réelle, aux médecins-inspecteurs nommés par le préfet.

Le certificat médical ne devrait être délivré que par le médecin-inspecteur seul de la circonscription habitée par la nourrice tout en permettant le recours de la nourrice auprès du préfet en cas de refus de délivrer le certificat médical, de même que le médecin-inspecteur refusant un certificat à une nourrice devrait en informer d'urgence le préfet. Le certificat médical devrait faire l'objet d'une indemnité spéciale attribuée sur le crédit de la protection des enfants du premier âge et n'être délivré qu'après la visite, faite par le médecin-inspecteur, du logement occupé par la nourrice.

Cette visite au domicile de la nourrice est nécessaire pour connaître les conditions d'hygiène et de salubrité de l'habitation, l'absence de tout malade contagieux et de toute profession nuisible à la santé des enfants et enfin pour vérifier si la nourrice possède réellement un berceau et un garde-feu. Afin que le médecin-inspecteur fût averti du désir que peut avoir une femme de prendre un nourrisson, le secrétaire de la mairie ne remettrait plus le certificat municipal à la nourrice, mais l'adresserait au médecin-inspecteur de la circonscription qui, dans un délai à fixer, se rendrait au domicile de la nourrice.

Il serait à désirer que l'enfant placé en nourrice fût inscrit à l'assistance médicale de façon à lui procurer les soins médicaux et les médicaments en cas de maladie ; mais, pour ne pas créer d'abus, il serait utile que le médecin traitant pût réclamer, surtout s'il est en même temps médecin-inspecteur, ses honoraires aux parents du nourrisson et ce n'est que lorsque le juge de paix du canton du domicile des parents, dûment chargé de l'enquête par son collègue du canton du domicile de la nourrice, aurait établi la non-solvabilité des parents, que leur enfant serait définitivement inscrit à l'assistance médicale.

Dans ce dernier cas, le département réclamerait les frais ainsi occasionnés au département d'origine de l'enfant et ces frais seraient inscrits au budget de la protection de l'enfance.

Enfin, il y a lieu de fixer les indemnités à accorder aux médecins-inspecteurs d'une façon plus équitable.

En 1892, il est établi que, dans 59 départements, sur un budget de 1,274,005 fr. 46, une somme de 888.489 fr. 87 a été attribuée aux médecins-inspecteurs. Cette somme, relativement considérable, démontre que le médecin-inspecteur est le véritable organisme de l'application de la loi et que son travail doit être l'objet d'une large et suffisante rétribution.

« La Commission législative, dit M. le sénateur Roussel dans son rapport au ministre de l'Intérieur (18 avril 1880), avait compris qu'il faut quelque chose de plus que la surveillance bénévole des commissions locales, surtout dans les départements qu'on peut appeler les *pays d'industrie nourricière*, dans lesquels nos grands centres de population déversent en grand nombre les enfants que leurs mères ne peuvent ou ne veulent pas nourrir et où les statistiques de la mortalité du premier âge ont révélé des chiffres effrayants » et il concluait en demandant l'organisation de l'inspection médicale dans toute la France.

Cette organisation existe actuellement, et a besoin d'être complétée ; mais il faut aussi attribuer une indemnité suffisante aux médecins-inspecteurs ; l'abonnement à l'année est un leurre pour ceux qui le contractent et je crois qu'il faut établir une indemnité basée sur la visite opérée dans la commune du domicile du médecin-inspecteur ou hors cette commune.

L'indemnité au kilomètre parcouru à l'aller et au retour, avec honoraire pour la visite, me semble être la solution la plus facilement réalisable et la plus digne du corps médical. De même qu'il est juste aussi de compter comme réellement effectuée et de rémunérer la visite du médecin-inspecteur qui constate l'absence de la nourrice ou le retrait de l'enfant non encore déclaré à la mairie. Enfin il y a lieu de fixer un honoraire par visite, de doubler cet honoraire quand la visite est faite dans les huit jours de l'arrivée de l'enfant en nourrice et de le tripler lorsque la visite est faite dans les quatre jours après l'arrivée de l'enfant chez la nourrice.

<h2 style="text-align:center">IV</h2>

<h3 style="text-align:center">Conclusions.</h3>

1º Il est nécessaire que dans tous les pays, on adopte un mode uniforme pour la statistique de la mortalité des enfants du premier âge, de semaine en semaine dans le premier mois, de mois en mois pour la première année, d'année en année pour les cinq premières années.

L'enregistrement des décès ne peut être effectué qu'après la visite médicale du nourrisson décédé, la constatation réelle des causes de la mort et non des derniers symptômes, du mode d'élevage (sein, biberon, élevage mixte, etc.), de la nature du biberon employé et des maladies transmissibles dont ont pu être atteints les parents.

2º L'article 1ᵉʳ de la loi du 29 décembre 1874 devrait être modifié en supprimant « hors du domicile de ses parents » et en y substituant « hors du domicile de ses père et mère ».

De même il est utile, pour faire bénéficier le plus grand nombre d'enfants de la loi du 24 décembre 1874, de supprimer « moyennant salaire ».

3º Le certificat médical sera délivré par le médecin-inspecteur seul, au domicile de la nourrice après visite du logement occupé par la nourrice et constatation de conditions d'hygiène non nuisibles à l'admission d'un nourrisson. Au cas où le médecin-inspecteur croirait devoir refuser le certificat, il adressera d'urgence un rapport au préfet du département relatant les causes de son refus et invitera la nourrice à adresser une demande au préfet. En aucun cas une nourrice ne pourra se procurer un certificat auprès d'un autre médecin-inspecteur ou d'un autre médecin sans avoir adressé cette demande.

Dans le cas où une nourrice, arrivant dans un bureau de placement, spécialement à Paris, ne serait pas munie du carnet de nourrice et spécialement du certificat médical, des renseignements seraient demandés d'urgence au médecin-inspecteur de la circonscription habitée par la nourrice, afin de savoir si l'impétrante a déjà eu des nourrissons et a pu être l'objet d'une ou de plusieurs mesures administratives d'interdiction d'avoir des nourrissons, ou a subi des condamnations pour mauvais soins aux nourrissons.

4° Le certificat médical pour la nourrice à emporter ne pourra être délivré qu'à condition que l'enfant de la nourrice soit âgé d'au moins cinq mois.

Dans le cas de la nourrice sédentaire ou à emporter, une période de trois mois sera accordée, pour opérer le sevrage de son enfant.

L'enfant de la nourrice sur lieu devra toujours être confié à une nourrice au sein et l'inspection médicale sera accordée d'office à l'enfant de la nourrice sur lieu, même si cet enfant est placé chez une parente (ascendante, alliée, etc.), et spécialement dans le cas où il n'y aurait pas de salaire convenu ou avoué.

Dans ces conditions, la nourrice de l'enfant de la nourrice sur lieu sera tenue de se munir des certificats exigés et du carnet de nourrice.

5° Les docteurs en médecine, officiers de santé et sages-femmes, ne pourront procurer de nourrisson qu'aux nourrices munies de leur carnet, carnet qui devra leur être présenté et sur lequel ils apposeront leur visa. Le fait de procurer un nourrisson à une femme non munie du carnet réglementaire continuera à être considéré comme *délictueux* et les auteurs de ce fait seraient, comme actuellement, l'objet de poursuites judiciaires.

6° L'enfant placé en nourrice sera d'office inscrit à l'Assistance médicale, afin que la nourrice ait la certitude que ce ne sera pas elle qui aura à supporter les frais du médecin qu'elle appellerait en cas de maladie du nourrisson et les dépenses des médicaments. Mais le médecin-inspecteur, au cas où il serait le seul médecin dans la circonscription ou le groupe de communes dont il a charge d'inspection, devrait réclamer ses honoraires aux parents des nourrissons et ce n'est qu'après enquête faite dans la commune de domicile des parents, par les soins de l'administration, et constatant l'impossibilité pour les parents de payer les frais médicaux, que l'Assistance médicale pourrait être accordée.

En ce dernier cas, les frais des visites médicales et des fournitures pharmaceutiques seraient réclamés au département d'origine de l'enfant placé en nourrice, quelle que soit la durée du séjour des parents dans ce département.

La vaccination pratiquée par le médecin-inspecteur, au cas où il serait le seul médecin dans la circonscription ou le groupe de communes dont il a charge d'inspection, sera l'objet d'honoraires à fixer, ainsi que la délivrance du certificat médical faite au domicile de la nourrice.

7° Considérant qu'il est du devoir de la Société de veiller à ce que les enfants illégitimes, placés chez des soi-disant parentes ou des étrangères, reçoivent tous les soins désirables, il n'est guère probable qu'on puisse résoudre cette question sans demander l'application de la loi du 23 décembre 1874 à tous les enfants illégitimes placés en dehors du domicile de la mère, même si l'enfant est placé sans salaire désigné ou avoué.

8° Il est urgent que les conditions du voyage des nourrissons et des nourrices soient améliorées au point de vue des meilleures conditions d'hygiène à obtenir et surtout suivant les saisons, la durée du trajet et les conditions d'élevage des enfants ; que, dans les cas d'élevage artificiel, les nourrices puissent se procurer facilement du lait pur, de bonne qualité et en quantité suffisante pour la durée du trajet ou pendant le trajet ; que les nourrices soient autorisées à voyager dans les trains express ou rapides, en ne subissant pas d'augmentation sur le prix des tarifs de 3e classe et en voyageant toutefois dans de bonnes conditions d'hygiène.

9° Aucun enfant ne pourrait être confié à une nourrice à emporter qu'autant que cet enfant aurait été examiné par un docteur en médecine certifiant que l'enfant peut être confié à la nourrice, qu'il n'est atteint d'aucune affection contagieuse et peut supporter le voyage du domicile de ses parents au domicile de la nourrice.

Au cas où le logement des parents serait trop restreint, et si l'enfant est trop débile, en mauvais état de santé, presque mourant et incapable de supporter le voyage, la nourrice sera, avec l'enfant, dirigée d'urgence sur un asile spécial à créer où l'enfant serait soigné jusqu'à son rétablissement ou sa mort.

La création d'un asile semblable contenant quelques chambres isolées et présentant les meilleures conditions d'hygiène, permettrait de sauvegarder la vie de beaucoup d'enfants nouveau-nés et si l'enfant décédait, la nourrice pourrait se procurer un nouveau nourrisson sans être contrainte à de nouveaux voyages et à de nouveaux frais de transport.

10° Dans les villes ayant plus de 50,000 habitants, il est utile de créer des offices spéciaux de nourrices, analogues aux bureaux de placement gratuit, actuellement créés pour les employés, ouvriers et domestiques. Les parents pourraient s'y procurer des nourrices et les nourrices s'y faire inscrire. Toute l'administration serait gratuite pour les parents et pour les nourrices. Ces offices pourraient être subventionnés, à cette seule condition de bon fonctionnement et de placement gratuit (pour les nourrices et les parents) par l'Etat, les départements et les communes.

Les nourrices ne seraient appelées à venir chercher leur nourrisson qu'après qu'elles auraient adressé à l'office leur carnet et les papiers nécessaires et que le contrôle aurait été fait qu'elles n'ont pas été interdites comme mauvaises nourrices.

Le médecin-inspecteur seul de la circonscription habitée par la nourrice, délivrerait gratuitement le certificat médical à la nourrice et recevrait un honoraire spécial par les soins de la ville ayant procuré un nourrisson à cette nourrice.

L'office de Paris, comprenant en outre le service de statistique générale de la protection de l'enfance, serait le centre pour grouper les fiches individuelles des enfants placés en nourrice, les carnets et les dossiers des nourrices et en général tous les documents nécessaires pour préparer la statistique qui doit être établie conformément à l'article 4 de la loi du 23 décembre 1874.

11° Les frais de nourriture et d'élevage des enfants placés en nourrice pourraient être en cas d'insuffisance des ressources des personnes tenues de la dette alimentaire et de celles de l'enfant lui-même supportées par les communes, les départements et l'Etat dans des proportions à déterminer. L'Etat pourrait favoriser, dans la plus large mesure possible, l'extension de l'initiative individuelle en faveur des enfants abandonnés en nourrice et des nourrices ne recevant pas leur salaire. Toutefois, l'action de l'Etat, des départements et des communes, ainsi que des sociétés particulières, ne pourra se manifester qu'autant que les parents auront été déclarés réellement insolvables après enquête du juge de paix du ressort du domicile de la nourrice de concert avec le juge de paix du domicile des parents.

12° Afin de diminuer les écritures des secrétaires de mairie et rendre plus rapide l'application de la loi et surtout la visite du médecin-inspecteur, il y a lieu de supprimer le registre de déclaration à la mairie du domicile de la nourrice et la déclaration de la nourrice, de retour avec un nourrisson à son domicile après un séjour assez prolongé (jusqu'à trois semaines à Paris', les avis à adresser au maire de la commune de naissance de l'enfant, au maire de la commune du domicile des parents, au médecin-inspecteur. Il en serait de même pour les avis à adresser par la mairie qui reçoit la déclaration d'envoi en nourrice au maire de la commune de placement en nourrice, au maire de la commune de naissance de l'enfant et au maire de la commune du domicile des parents : la suppression de ces avis est d'autant plus facile à obtenir que, dans la plupart des cas, aucun de ces avis n'est réellement adressé.

Tout enfant placé en nourrice sera déclaré à la mairie du

domicile des parents par les soins de ces parents. Une fiche sera immédiatement adressée par les soins de la mairie à l'inspecteur départemental du domicile de la nourrice.

Sitôt sa réception, l'inspecteur départemental en fera prendre copie, une des fiches restera entre les mains de l'inspecteur départemental, l'autre sera adressée d'urgence au médecin-inspecteur de la circonscription ou de la commune du domicile de la nourrice.

Lors du retrait, du décès ou de la limite d'âge, le médecin-inspecteur retournera la fiche à l'inspecteur départemental. L'inspecteur départemental retournera une des fiches annotée à la mairie de la commune d'envoi en nourrice et l'autre au service de statistique de la protection de l'enfance, à instituer au ministère de l'Intérieur conformément à l'article 4 de la loi du 23 décembre 1874.

L'emploi de ces fiches déterminerait la suppression des registres des médecins-inspecteurs, supprimés de fait dans plusieurs départements et trop souvent tenus incomplètement par suite des occupations professionnelles des médecins-inspecteurs.

Cette modification aux paragraphes 2 de l'article 9, à l'article 10 de la loi du 23 décembre 1874, conserve toujours pour la nourrice l'obligation de déclarer à la mairie de la commune de son domicile dans le plus bref délai possible (vingt-quatre heures) le retrait de l'enfant par ses parents, ou la remise de cet enfant à une autre personne pour quelque cause que cette remise ait lieu, le changement de résidence ou de domicile et le décès et de remettre le carnet qui lui a été délivré lorsque l'enfant a atteint l'âge de deux ans. Le maire, par un avis succinct, informera le médecin-inspecteur du retrait, du décès, du changement de résidence, de la remise à une autre nourrice et de la limite d'âge.

13° Le juge de paix du canton du domicile de la nourrice, en audience de simple police ou en audience facultative (1) pourra connaître (2) des délits commis par les nourrices et statuer sur le siège. Il devra, pour certains cas spéciaux, en référer au procureur de la République, spécialement pour les cas où l'imprudence et l'insouciance de la nourrice ainsi que le défaut de soins auraient pu déterminer la mort du nourrisson ou tout

---

(1) Article 8 du Code de Procédure civile. Cet article oblige le juge de paix à tenir au moins deux audiences par semaine, en lui donnant la faculté de siéger tous les jours au besoin, y compris les dimanches et jours fériés et de donner audience chez lui, les portes ouvertes.

(2) C'est une addition à faire à l'article 138 du Code d'instruction criminelle, article qui détermine les contraventions dont la connaissance est exclusivement attribuée aux juges de paix siégeant comme juges de police.

au moins une maladie grave ayant mis sa santé et sa vie en danger.

14° Les poursuites pour le fait de non-déclaration de placement en nourrice, d'arrivée au village ou au lieu de placement, devraient être exercées non contre la nourrice, qui lors de son retour doit tous ses soins au nourrisson souvent malade qu'elle rapporte pour l'élever, mais contre les parents qui placent leur enfant en nourrice et se débarrassent ainsi de tout souci de l'élevage de leur progéniture.

15° Il est à désirer enfin que la part des dépenses incombant à chaque département soit obligatoire (1).

---

(1) L'Etat paie la moitié des dépenses, de sorte que les départements n'ont à leur charge que l'autre moitié des dépenses, diminuée de la part incombant au département d'origine de l'enfant.

Clermont (Oise). — Imprimerie DAIX frères, place Saint-André, 3.

OUVRAGES DU MÊME AUTEUR

Durée du séjour et mortalité des enfants placés en nourrice dans le département de la Seine. Tableaux graphiques. (*Académie de médecine*, 1886.)

Statistique de 81,756 nourrices au sein venues à Paris en huit années (1879-1886). (*Revue d'hygiène*, tome X, n° 5, 1888.)

De l'Industrie nourricière (1878 à 1887). Statistique des éleveuses au biberon venues à Paris de 1878 à 1886 et étude des conditions sociales de ces nourrices. (*Académie de médecine*, 29 mai 1888 ; *Bulletin*, n° 22.)

La mortalité des enfants en bas âge. (*Société de statistique*, août 1888, 29° année, n° 8.)

Etude sur la mortalité des enfants placés en nourrice à Paris et dans trente communes suburbaines. (*Académie de médecine*, 1888, *Bulletin*, n°° 18 et 19.)

Mortalité par maladies contagieuses dans les communes suburbaines de Paris. (*Académie de mé lecine*, 1888.)

Etudes sur la mortalité des enfants en nourrice. (*Congrès d'hygiène et de démographie*, 1889, et *Académie de médecine. Bulletin*, n°° 21 et 22, 1889.)

La bienfaisance au dix-huitième siècle à l'égard des prisonniers débiteurs de mois de nourrice et exposé de la situation actuelle concernant les dettes de mois de nourrice. (*Bulletin de la Société internationale pour l'étude des questions d'assistance*, tome I°°, n° 3, juillet 1890.)

Vaccination des enfants placés en nourrice. (*Manuscrit à l'Académie de médecine*, 1890.)

Les enfants de Paris en nourrice (mission ministérielle), travail avec cartes et tableaux nombreux de statistique, sur 14.094 enfants de Paris, placés en nourrice en province pendant l'année 1885. (*Revue de l'assistance*, mars 1891. *Académie de médecine*, 1°° juillet et 9 novembre 1890. *Bulletin* n° 44.)

Du danger de mort par journée de séjour des enfants placés en nourrice (*Bulletin de la Société internationale pour l'étude des questions d'assistance*, tome II, n° 4, novembre 1891.)

Organisation des secours publics en France. (*Congrès des Sociétés savantes.*)

Etude sur les nourrices sur lieu et la mortalité des enfants des nourrices sur lieu. (*Académie de médecine* et *Revue d'hygiène*, tome XIII, n° 9, 1892.)

De la stérilisation pratique du lait dans la famille et chez les nourrices. (*Congrès des Sociétés savantes*, 1893.)

Nourrices et nourrissons en voyage (mission ministérielle), étude sur la mortalité des nouveau-nés placés en nourrice dans leur premier mois de placement et les rapports de cette mortalité avec les conditions actuelles du transport. (*Revue d'hygiène*, tome XV, n° 12, 1893.)

Application de la loi Roussel, crédits votés et dépenses effectuées, résultats de la protection des enfants en nourrice. (*Congrès des Sociétés savantes*, 1894. *Journal officiel*, n° 85.)

La protection de l'enfance en France. (*Congrès d'hygiène de Buda-Pesth*, 1894.)

La Statistique obituaire, les Méthodes de statistique et les résultats obtenus dans le département du Var. (*Société internationale pour l'étude des questions d'assistance*, 1894.)

Mesures à prendre pour diminuer la mortalité infantile, projet de création d'offices gratuits de placement et d'un office central à Paris. (*Revue d'assistance*, novembre 1894.)

La statistique de la mortalité des enfants du premier âge et les différentes méthodes employées dans les rapports officiels. (*Société de statistique*, février 1895.)

Du rôle de l'Etat dans la protection de l'enfance. (*Congrès des Sociétés savantes*, 1895.)

L'habitation et le logement des nourrices et les mesures à prendre pour obtenir dans ces locaux les meilleures conditions d'hygiène. (*Société de médecine publique et d'hygiène professionnelle, revue d'hygiène*, 1895; n° 8, p. 279.)

La mortalité des enfants placés en nourrice et des enfants des nourrices en rapport avec l'habitation. (*Société de statistique*, n° 8, année 1895.)

Conditions de placement et mortalité des enfants des nourrices sur lieu de la Nièvre. (*Congrès de l'Association française pour l'avancement des sciences*, Bordeaux, 1895.)

Des habitations des nourrices et des rapports des conditions d'hygiène de ces habitations avec la mortalité des enfants confiés à ces nourrices. (*Mémoire lu à l'Académie*, le 20 août 1895 et renvoyé à une commission composée de MM. Th. Roussel, Pinard et Cadet de Gassicourt.)

Note sur les œuvres de la Bienfaisance privée à Bordeaux et dans la Gironde. (*Revue d'assistance*, tome VI, n° 5, octobre 1895.)

Clermont (Oise). — Imprimerie Daix frères, 3, place Saint-André.